Le Langage Corporel En 30 Minutes: Le Pouvoir De Lire Et Comprendre Le Langage Du Corps De Vos Proches Et Vos Clients Dès Demain Matin.

TABLE DES MATIÈRES

INTRODUCTION.

N'avez-vous jamais eu envie d'avoir un coup d'avance sur les autres ? De pouvoir anticiper et vous adapter à vos clients d'un claquement de doigts afin de décrocher votre contrat ? Ou tout simplement de mieux comprendre, communiquer et renforcer votre relation avec vos proches, votre partenaire ou vos enfants ?

Le langage non verbal, qui constitue la plus grosse partie de notre communication, va vous redonner ce pouvoir que pourtant presque personne ne maîtrise.

Comme vous vous en doutez probablement, devenir un véritable expert en langage non verbal demande de nombreuses années d'apprentissage et d'expérience ardues.

Il faut non seulement assimiler la signification de plus de 1500 gestes que répertorie actuellement la synergologie, mais aussi avoir l'acuité intellectuelle pour les lire, les analyser séparément et combinés aux autres en temps réel.

Ce livre va vous donner un raccourci fantastique pour lire et comprendre le langage non verbal sans passer par ces années de pratique et d'apprentissage.

Vous allez voir qu'en connaissant une poignée de concepts et de mécanismes (qui ne devraient pas vous prendre plus de 30 minutes, le temps de la lecture de ce livre), vous allez déjà pouvoir obtenir des résultats spectaculaires dès demain dans votre lecture et compréhension de vos proches et de vos clients.

En clair, le but de ce livre n'est pas de faire de vous un expert international du langage corporel.

Son but est de vous rendre le plus opérationnel possible, en un minimum de temps possible. De vous permettre de tirer un bénéfice maximal du langage non verbal dans votre quotidien, en un temps d'apprentissage minimal.

Voici tout ce que vous allez apprendre dans ce livre organisé en six modules :

Module #1

Ce premier module va faire un état des lieux de la communication non verbale. Vous aurez à la fin de ce module une vision beaucoup plus claire sur les buts de la communication non verbale, son importance et son statut en termes d'avancée et de connaissance scientifique.

Vous découvrirez également les erreurs de jugements du non verbal que peut vous éviter de faire une approche scientifique du non verbal.

Module #2

Le deuxième module vous expliquera comment fonctionne le cerveau, afin de comprendre son influence sur le langage corporel.

Module #3

Le troisième module vous révèle comment décoder le corps sur un axe gauche/droite.

À la fin de ce module, vous connaîtrez de quelle manière votre cerveau contrôle votre gestuelle droite et gauche. Vous serez capable d'interpréter instantanément les gestuelles des autres selon qu'elles se situent sur la gauche ou sur la droite.

Vous saurez ainsi immédiatement si une personne a une attitude associée ou dissociée avec vous, évoque le passé ou le futur, fait référence à des valeurs positives ou négatives pour elle, ou encore quelles sont les valeurs prioritaires ou secondaires pour elle selon ce qu'elle évoque.

Module #4

Le quatrième module vous révèle cette fois comment décoder le corps sur un axe haut/bas.

À la fin de ce module, vous serez en mesure de comprendre d'un simple regard le rapport d'une personne avec son environnement. Vous saurez voir immédiatement si une personne se sent à l'aise en face d'une autre ou d'un groupe, ou si elle a plutôt envie de partir. Vous saurez deviner aussi si une personne maîtrise son sujet ou non.

Module #5

Lors du cinquième module, vous apprendrez à décoder les yeux.

Au terme de ce module, vous saurez selon la manière dont vous regarde une personne si elle est en lien avec vous ou plutôt distante, si ce qu'elle vous dit est lié à du passé ou à du futur, et si c'est lié à de l'émotionnel ou du cognitif.

Module #6

À la fin du sixième module, vous serez en mesure de repérer facilement si une personne est en train de vous mentir ou bien si elle vous raconte la vérité.

La méthode que vous y découvrirez basée sur la synergologie enregistre d'ailleurs de meilleurs résultats qu'un détecteur de mensonges.

Ainsi dès la fin de ce livre, vous disposerez déjà d'excellentes bases que vous pourrez utiliser immédiatement.

Les informations que vous récolterez grâce au langage corporel des autres vous donneront des informations extrêmement précieuses et stratégiques, en particulier si vous les appliquez avec vos clients.

Elles vous permettront de mieux comprendre, mieux communiquer et vous adapter d'un claquement de doigts à votre interlocuteur pour par exemple remporter une affaire ou réussir un entretien important.

Elles vous serviront également dans votre sphère privée. Vous serez en mesure de mieux lire et comprendre votre entourage, pour mieux communiquer et renforcer les relations qui vous lient avec les personnes qui comptent pour vous.

Commençons tout de suite le merveilleux apprentissage du langage non verbal, avec le premier module en page suivante.

MODULE #1: ÉTAT DES LIEUX DE LA COMMUNICATION NON VERBALE : BUTS, IMPORTANCE ET AVANCÉE SCIENTIFIQUE.

L'objectif de ce module est de dresser un état des lieux de la communication non verbale.

Vous allez y apprendre quels sont ses buts, notamment avec l'exemple de la fameuse tirade de François Hollande *"Moi président de la République"*.

Vous découvrirez ensuite la théorie de Paul Ekman sur notre capacité à percevoir de façon fiable et complète un message.

Vous comprendrez pourquoi le non verbal demeure encore aujourd'hui une triple énigme, et pourquoi les gestes ne nous trahissent pas mais plutôt nous traduisent.

Enfin, vous verrez les trois erreurs d'interprétation du non verbal que va vous éviter la synergologie.

I.1- Les buts de la communication non verbale.

Qu'il s'agisse de personnes que vous rencontrez pour la première fois, de vos amis, de votre partenaire de vie, de vos enfants, de vos collègues ou bien de vos clients, la communication non verbale que l'on va voir dans ce livre a quatre buts définis.

Le premier but est de vous permettre de mieux comprendre les autres.

Le second est de vous permettre de mieux communiquer avec les autres.

Le troisième but est de vous adapter plus facilement à l'autre.

Enfin, le quatrième but est de renforcer grâce au non verbal votre performance et vos résultats professionnels.

Ainsi, l'étude du non verbal va vous permettre de décoder la gestuelle, de révéler le non-dit, comprendre les émotions dans l'instant et déceler le mensonge.

Vous allez découvrir en page suivante un exemple de mise en pratique du non-verbal, avec la célèbre tirade de François Hollande *"Moi président de la République"*.

I.2- Exemple de mise en pratique du non verbal avec la tirade de François Hollande.

Vous rappelez-vous de cette fameuse tirade *"Moi président de la République"* faite par François Hollande pendant l'élection présidentielle de 2012, face à Nicolas Sarkozy ?

Le langage non verbal de François Hollande a été décodé par Philippe Turchet, le créateur de la synergologie.

Je vous invite à revoir cette tirade maintenant, par exemple en tapant "moi président de la République" sur Youtube. La séquence dure environ trois minutes (voici un exemple de lien montrant cette vidéo : https://youtu.be/53b-pBPvjmA).

La question que j'ai envie de vous poser maintenant est la suivante : avez-vous le sentiment que pendant cette tirade François Hollande avait appris son texte par coeur, ou bien était-ce une tirade improvisée ?

Et bien le non verbal va nous permettre de savoir si oui ou non il avait préparé son discours.

On commence avec cet exemple extrêmement précis pour vous montrer la puissance du non verbal.

Cela pourrait tout aussi bien être un client, pour savoir par exemple s'il a appris une tirade par coeur pour vous dire qu'il ne souhaite pas acheter votre produit, ou s'il improvise sa réponse.

La première des choses qu'il faut faire avec le non verbal est de calibrer, avoir une première observation.

Dans la vidéo que vous avez (je l'espère) pu voir ou revoir, on a pu relever plusieurs réflexes de François Hollande lorsqu'il parlait.

Par exemple, qu'il regarde toujours dans les yeux son adversaire. C'est donc une première information.

On voit aussi qu'il regarde toujours en bas à gauche avant ses phrases :

Juste après avoir dit *"Moi président de la République"* alors qu'il regardait en face, il baisse soudain les yeux en bas à gauche pour continuer sa phrase.

Puis il relève les yeux en face et redit *"Moi président de la République"* puis baisse à nouveau les yeux en bas à gauche pour continuer la phrase. Et ainsi de suite.

C'est donc une deuxième information intéressante.

Une troisième observation montre que François Hollande fait de nombreux clignements des yeux en attaque de chaque phrase (environ 4 par seconde).

Ainsi, sans rentrer dans les détails de ce décodage, et grâce notamment à ces trois observations (car il y en a encore beaucoup d'autres à remarquer), on peut conclure scientifiquement que le discours ne pouvait pas être autre chose que fabriqué. Le discours est évidemment loin d'être spontané.

En clair, le discours est préparé.

En effet, à chaque fois François Hollande va chercher ses phrases apprises par coeur en regardant en bas à gauche (qui correspond au passé émotif), il cligne des yeux (le cerveau agissant un peu comme un appareil photo qui va chercher l'information).

Et on voit aussi très bien que lorsqu'il fixe le candidat, il fait preuve d'une vraie démarche de contrôle de la communication.

Vous voyez donc qu'avec simplement trois items (ou gestes) et sans laisser aller notre intuition, on s'aperçoit scientifiquement que oui, son discours était bien préparé.

I.3- La théorie de Paul Ekman sur la perception fiable d'un message.

Paul Ekman, scientifique reconnu et très connu dans le monde du non verbal, explique selon sa théorie que l'image et le son faussent parfois notre jugement.

Il démontre que l'image et le son permettent de percevoir 45% d'un message, par exemple d'une vidéo.

Ce qui est intéressant, c'est que ces mêmes recherches démontrent que l'image seule sans le son permet de percevoir 60% d'un message, par exemple d'une vidéo à laquelle on aurait coupé le son.

Autrement dit, on perçoit un plus gros pourcentage d'un message avec uniquement l'image plutôt qu'avec l'image et le son.

Tout ça pour dire que finalement, nous avons beaucoup de perceptions, de jugements, de remontées de fausses intuitions qui arrivent avec l'émotion, avec notre expérience, notre passé, notre histoire.

Ainsi, on ne décode malheureusement pas correctement les autres, parce que nous avons plein de croyances et de mauvaises fondations scientifiques.

Voici quelques exemples amusants pour voir si vous êtes vraiment une personne observatrice :

À 40 ans, une personne a tiré 500 000 fois la chasseau d'eau.

Dans quel sens tourne le siphon selon-vous, dans le pays où vous vous trouvez actuellement (l'eau ne tournant pas dans le même sens dans l'hémisphère Nord et le Sud) ?

Cette question est surtout faite pour vous faire comprendre que nous n'observons pas suffisamment les gens. Nous n'accordons pas suffisamment d'importance au non verbal.

Voici un autre exemple :

Saviez-vous qu'un couple sur trois ne connait pas aujourd'hui la couleur exacte des yeux de son conjoint ? Sauriez-vous dire la couleur exacte des yeux de votre partenaire de vie ?

On ne parle pas ici de dire qu'il ou elle a les yeux bleus, marrons ou verts, mais d'être beaucoup plus précis.

Par exemple, que sur le pourtour de la pupille il ou elle a les yeux marron clair, à l'extérieur plutôt verts avec du jaune au milieu. Et ça, c'est la couleur exacte.

Vous savez probablement que les mots dans une communication ne représentent que 7%.

Le paradoxe est que l'école ne sensibilise pourtant que sur le verbal, alors que le non verbal représente la majorité des informations.

Vous allez d'ailleurs voir dans la partie suivante que le non verbal représente aujourd'hui encore une triple énigme.

I.4- Pourquoi le non verbal est une triple énigme.

Le non verbal est d'abord une énigme linguistique. La science n'a en effet pas codifié le non verbal.

Le non verbal est aussi une énigme médicale. Là encore c'est une zone non connue en médecine. Il n'y a pas un seul étudiant en médecine qui va apprendre le non verbal, c'est encore méconnu.

Enfin, le non verbal est une énigme descriptive. Le langage du corps n'est en effet pas décrit.

Pourtant, dès la naissance notre cerveau est programmé pour reconnaître chez les autres les informations non verbales primaires.

Cela rappelle cette histoire d'un jeune enfant qui allait voir sa maman en pleurant et en lui disant que le frigidaire était triste.

Sa maman lui a alors dit qu'un frigidaire ne peut pas être triste et lui a demandé de lui montrer le frigidaire.

Voici ce qui s'est passé dans l'esprit de l'enfant qui pensait vraiment que le frigidaire était triste.

L'enfant a en fait vu sur le réfrigérateur deux marques obliques comme celles à droite de cette image (qui correspondent certainement à la marque du réfrigérateur) :

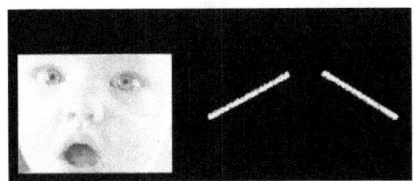

L'esprit de l'enfant a en fait décodé le signe de la tristesse au niveau des sourcils d'un être humain :

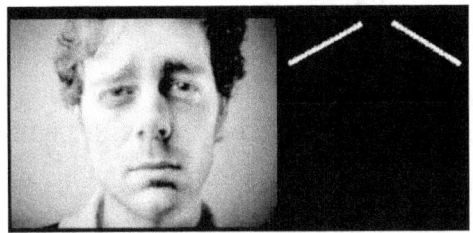

L'enfant malgré son jeune âge savait très bien que lorsqu'une personne est triste, bien souvent, les sourcils sont dans cette forme ressemblant un peu à un V inversé.

Cette histoire vous explique qu'on possède depuis l'enfance cette capacité à être sensible au non verbal et à reconnaître chez les autres des informations physiques non verbales primaires.

En fait, on fait dès tout jeune des liens directs entre des mouvements non verbaux et des émotions, des attitudes, des comportements, ou des pensées.

En effet, les gestes ne nous trahissent pas, mais nous traduisent. C'est ce que vous allez découvrir dans la partie suivante.

I.5- Pourquoi les gestes ne nous trahissent pas mais nous traduisent.

On a toujours le sentiment qu'il faut cacher et contrôler nos gestes, de peur qu'ils nous trahissent.

Pourquoi ne faut-il pas chercher à cacher nos gestes ? Tout simplement parce qu'ils ne nous trahissent pas, mais nous traduisent.

En effet, le langage du corps exprime toute une série d'émotions, toutes les émotions. Toutes les émotions d'une personne sont lisibles sur le visage et le corps.

Voici une première information importante pour vous :

Lorsqu'on cherche à garder, cacher, conserver nos émotions pour nous, nos mains ont tendance à revenir sur notre visage ou notre corps.

En revanche lorsque nous désirons transmettre nos émotions, nos mains partent en direction de l'interlocuteur.

Maintenant que vous savez que les gestes nous traduisent en faisant ressortir nos émotions, vous allez découvrir les trois erreurs d'interprétation du non verbal que va vous éviter la synergologie.

I.6- Les trois erreurs d'interprétation du non verbal que vous évite la synergologie.

Vous avez pu lire à plusieurs reprises dans ce livre le mot synergologie, sans forcément savoir ce qu'il signifie réellement.

La synergologie est une science vivante du non verbal, qui a été inventée par l'expert en non verbal Philippe Turchet.

Il partage aujourd'hui ses recherches au sein d'une communauté mondiale qui fait évoluer la synergologie chaque jour. C'est une science vivante évoluant en permanence.

C'est d'ailleurs sur les recherches de Philippe Turchet et de toute cette communauté qui fait des rapports en permanence sur le non verbal que se basent les informations de ce livre.

L'avantage de s'appuyer sur une science, sur des recherches d'hommes et de femmes, et sur une approche bien précise, est que vous allez éviter trois types d'erreurs.

La première erreur est l'induction.

L'induction signifie qu'en fonction de tous les paramètres que vous voyez chez une personne et en fonction des interactions que vous avez avec elle, vous allez en déduire qu'elle est par exemple dans la bonne humeur ou au contraire dans une mauvaise émotion.

La deuxième erreur est la projection.

La projection c'est que vous aimeriez peut-être que par exemple cette femme vous adore. Vous avez tellement envie que cette femme magnifique que vous voyez dans cette soirée vous apprécie que finalement, vous allez partir du principe qu'elle vous apprécie vraiment.

Vous allez projeter votre désir sur elle, et donc juger et interpréter ses gestes en faisant de la projection de vos propres désirs.

La troisième erreur est de faire appel à l'intuition.

Il faut savoir que l'intuition scientifiquement existe très peu. Dans le monde, il y a très peu de gens intuitifs.

Ce qu'on appelle d'ailleurs souvent intuition est plutôt en lien avec notre expertise et notre expérience passée.

En fonction de situations et d'évènements passés, vous allez déduire à la survenue d'un nouvel évènement qui ressemble à d'autres déjà vécus, que vous devez agir comme ceci ou interpréter comme cela.

Ainsi, ce qui se fait appeler intuition est simplement un condensé de vos croyances et de vos expériences, et cette situation qui ressemble aux précédentes va être analysée en tant que telle en fonction de votre passé.

Les gens réellement intuitifs existent très peu. Malheureusement, beaucoup de personnes laissent leur (fausse) intuition guider leur interprétation. Ceci est bien dommage car on peut ainsi bien souvent avoir de mauvais décodages et de mauvaises interprétations.

Actuellement en synergologie comme mentionné au tout début de ce livre, il y a plus de 1500 gestes décodés et répertoriés.

Chaque geste pris et décodé séparément sur une personne fonctionne à 80%.

Ce qui veut dire que quand vous voulez vraiment décoder quelqu'un, faites en sorte d'avoir entre 7 à 9 gestes pour valider avec certitude l'émotion où se trouve la personne dans l'instant, ou ce que peut penser une personne à votre égard dans l'instant.

Ce sont des petites mises en garde pour vous aider à prendre un peu de recul.

Ceci termine le premier module.

Vous avez ici fait un état des lieux sur le non verbal, sur ses buts, son importance et sur son avancée d'un point de vue scientifique.

Vous connaissez désormais les buts du non verbal et vous avez vu un exemple d'application très précis avec la fameuse tirade de François Hollande afin de vous montrer la puissance du non verbal.

Vous avez également vu la théorie de Pauk Ekman qui a mis en évidence que notre capacité à percevoir un message avec fiabilité est très facilement influençable. Nos croyances et nos mauvaises fondations scientifiques ne nous font hélas pas décoder correctement les autres.

Vous avez aussi compris que le non verbal demeure encore aujourd'hui une triple énigme : linguistique, médicale et descriptive.

Par ailleurs, vous avez vu pourquoi les gestes ne nous trahissent pas mais au contraire nous traduisent en faisant ressortir nos émotions. Lorsqu'on cherche à cacher nos émotions, nos mains tendent à revenir sur notre visage ou notre corps. Lorsqu'on cherche à transmettre nos émotions, nos mains partent en direction de l'interlocuteur.

Enfin, vous avez découvert que la synergologie vous permet d'éviter les trois principales erreurs d'interprétation du non verbal : l'induction, la projection et l'intuition.

Vous savez que repérer un seul geste vous donne déjà une information fiable à 80%, mais qu'il vous faut repérer entre 7 à 9 gestes pour valider à 100% l'émotion d'une personne à un instant donné.

Après cette prise de recul, vous allez voir, avant d'avoir de premiers éléments pour décoder le non verbal, la manière dont fonctionne votre cerveau.

MODULE #2: FONCTIONNEMENT DU CERVEAU : MODE D'EMPLOI.

Vous allez dans ce module comprendre comment fonctionne votre cerveau et son influence sur le langage corporel.

Ce module est primordial pour que vous puissiez comprendre ensuite sur quoi les recherches dans le non verbal ont été basées et fondées et comment on arrive à interpréter les gestes du non verbal.

Votre cerveau peut se répartir de manière schématique en quatre parties (le schéma suivant est en vue de dessus avec le visage en haut et l'arrière de la tête en bas) :

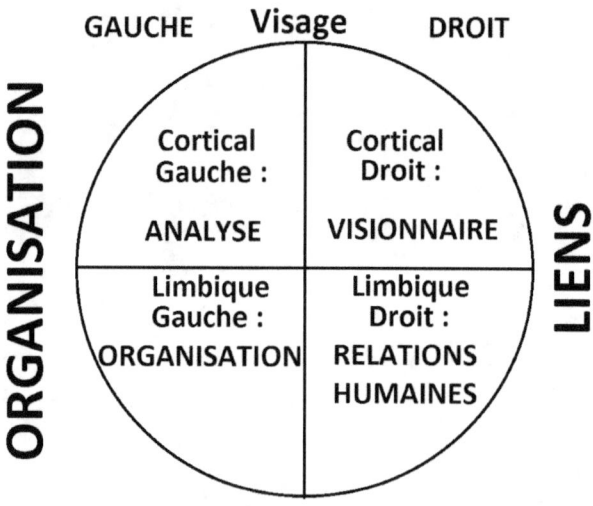

Dites-vous qu'il y a globalement deux parties dans votre cerveau qui sont vraiment marquées dans le traitement de l'information.

Du côté gauche, nous avons plutôt un cerveau axé sur l'organisation. Ce cerveau va plutôt travailler sur le traitement de l'information lorsqu'il s'agit d'organisation.

Du côté droit, nous avons un cerveau qui va nous permettre d'être en lien avec les autres.

On a tout à l'heure parlé de quatre parties. C'est pourquoi on va cette fois segmenter le cerveau sur un plan horizontal avec à l'avant de notre cerveau le cortical et à l'arrière le limbique.

Dites-vous que nous avons une vraie capacité à avoir ces quatre parties de notre cerveau qui entrent en jeu.

D'après les ères cérébrales qui s'activent selon les tâches que nous avons, il y a des fonctions différentes.

Par exemple, le cortical gauche est consacré exactement à l'analyse.

Le cortical droit est quant à lui une partie du cerveau qui va fonctionner pour tout ce qui est vision. C'est le cerveau un peu visionnaire.

Le limbique gauche va travailler sur tout ce qui est organisation, et le limbique droit sur les relations humaines.

La seule chose à vraiment retenir très schématiquement est que le cerveau gauche est associé à l'organisation et le cerveau droit est associé aux liens.

On veut savoir ça parce qu'en regardant l'image suivante, vous voyez que le cerveau droit gère la gestuelle gauche et le cerveau gauche gère la gestuelle droite :

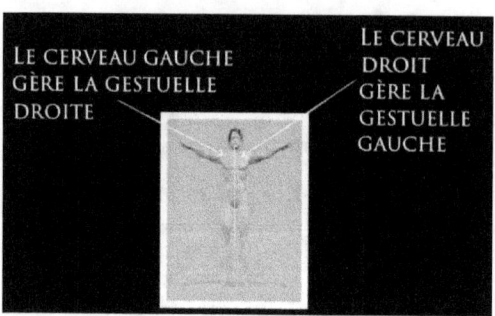

Autrement dit, tous vos gestes à droite de votre corps sont en général contrôlés par votre cerveau gauche lié à l'organisation, et tous vos gestes à gauche de votre corps sont contrôlés par votre cerveau droit.

Ceci termine ce deuxième module. Maintenant que vous connaissez la manière dont fonctionne le cerveau et gère votre gestuelle, vous allez découvrir dans le prochain module comment décoder le langage corporel sur un axe gauche/droite.

MODULE #3: DÉCODAGE DU CORPS SUR UN AXE GAUCHE/DROITE.

À la fin de ce module, vous serez capable de décoder les gestes d'une personne selon qu'elle les fait à droite ou à gauche de son corps.

Vous allez dans une première partie savoir si une personne a une attitude associée ou dissociée avec vous.

Puis vous verrez dans les parties suivantes les différentes dimensions des gestes d'une personne. Selon qu'elle fait ses gestes à gauche ou à droite, vous verrez que ceux-ci ont trois dimensions différentes : temporelle, affective et prioritaire.

Une partie spécifique sera dédiée à chacune de ces trois dimensions.

Enfin, vous verrez des exemples concrets d'application pour valider votre assimilation de ce module.

III.1- Décodage des préférences cérébrales.

Vous avez pu voir dans le module précédent le constat intéressant que le cerveau droit (liens) gère la gestuelle à gauche de votre corps et le cerveau gauche (organisation) gère la gestuelle à votre droite.

Ainsi en synergologie, votre gestuelle à droite de votre corps est contrôlée, consciente et distante. On dit qu'elle est dissociée.

Votre gestuelle gauche est quant à elle spontanée, inconsciente et automatique. On dit qu'elle est associée.

Voici un schéma récapitulatif :

Ainsi, si une personne vous parle en faisant essentiellement des gestes avec le côté gauche de son corps (par exemple sa main gauche), elle est associée à vous. Ce qu'elle dit est extrêmement improvisé, naturel, inconscient. Elle est en connexion avec vous.

Alors que si elle commence à vous parler de la main droite, il se peut alors qu'elle vous récite un texte, qu'elle lise un téléprompteur, ou finalement qu'elle soit d'une manière ou d'une autre dissociée.

28

III.2- La dimension temporelle des gestes.

Vous devez savoir qu'il y a aussi une dimension temporelle dans les gestes.

Nous faisons en général des gestes à droite lorsque nous évoquons le futur, et des gestes à gauche lorsque nous évoquons le passé :

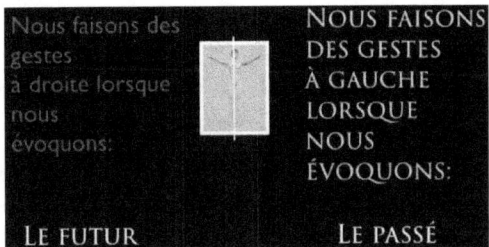

Par exemple une personne qui va vous parler de sa partie de pêche fructueuse de la veille va avoir tendance à faire des gestes utilisant la gauche de son corps car elle évoque un évènement passé.

En revanche, une personne qui vous dit qu'elle pense que demain elle va aller s'entraîner au club de gym va avoir tendance à faire des gestes en utilisant la partie droite de son corps car elle évoque le futur.

Jusqu'à présent dans ce module, nous avons donc vu que les gestes à droite étaient dissociés et les gestes à gauche étaient associés.

Et on vient de voir maintenant qu'il y a une notion temporelle des gestes et que lorsqu'on met nos gestes à droite on évoque le futur et à gauche on évoque le passé.

Vous allez voir qu'il y a aussi une autre dimension : la dimension affective des gestes.

III.3- La dimension affective des gestes.

Il existe également une dimension affective des gestes.

Ainsi, les valeurs négatives vont se trouver positionnées à droite, et les valeurs positives vont se trouver positionnées à gauche :

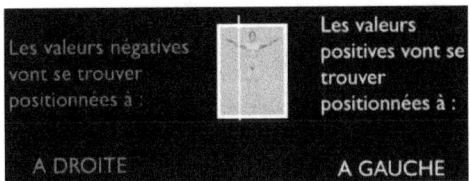

Autrement dit, on va avoir tendance à mettre à gauche les valeurs positives de ce que l'on aime, et à droite les valeurs de ce que l'on aime moins ou pas.

Par exemple, une personne peut vous dire en faisant des gestes à gauche qu'elle aime bien la politique X. Puis enchaîner en vous disant qu'elle aime bien aussi la politique Y, tout en voyant qu'en disant ça sa main droite prend le relai.

Cela signifie très probablement que cette personne préfère clairement la politique X à la politique Y, parce qu'elle a fait ses gestes à gauche. Ça ne veut pas dire qu'elle déteste la politique Y, mais elle a moins de préférences.

Autre exemple, une personne vous disant qu'elle aime aussi bien le chocolat (avec des gestes à gauche) que la tarte au citron (avec des gestes à droite).

Même si consciemment elle vous dit qu'elle ne peut pas choisir, ses gestes montrent qu'elle a probablement une préférence pour le chocolat car elle a fait ses gestes à gauche.

On vient donc de voir dans cette partie qu'il y a aussi une dimension affective dans les gestes.

Voilà pourquoi vous devez prêter attention à ce que la personne est en train d'évoquer comme sujet.

Evidemment, en fonction de la phrase, de la rhétorique, de la dialectique et des mots prononcés par la personne, vous allez voir si elle vous parle de façon associée ou dissociée. S'il y a dans ses mots une notion de temps vous allez regarder de quel côté elle va faire ses gestes. Mais si aussi elle est dans une description d'émotions, de choix, dans une dimension finalement affective, et bien vous allez aussi voir qu'elles sont ses préférences.

Enfin, il y a aussi une troisième dimension dans les gestes : la dimension prioritaire.

III.4- La dimension prioritaire des gestes.

Enfin, il y a une dimension prioritaire des gestes.

Autrement dit, les valeurs secondes vont souvent se trouver positionnées à droite et les valeurs premières vont se trouver positionnées à gauche.

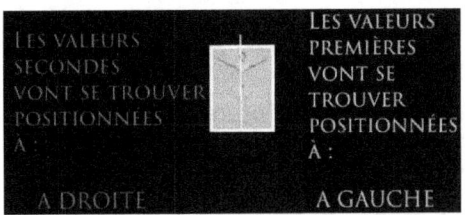

Par exemple, si une personne vous disant qu'il est important de prendre soin à la fois de sa vie professionnelle et de sa vie privée en faisant un geste à droite lorsqu'elle évoque la vie professionnelle et à gauche lorsqu'elle évoque la vie privée, vous pouvez en déduire qu'elle accorde davantage de priorité à sa vie privée car ses gestes étaient à gauche.

Autre exemple, si une personne vous demande si elle doit d'abord traiter ce dossier (en faisant des gestes à gauche) ou plutôt passer cet appel téléphonique (en faisant des gestes à droite), il y a de grandes chances que la meilleure chose à lui conseiller est de lui dire de traiter le dossier en premier car ses gestes étaient à gauche.

Beaucoup de gens ne savent pas vraiment ce qu'ils veulent dans la vie.

Par exemple certaines personnes se demandent si elles doivent quitter leur travail (tout en faisant des gestes à gauche) ou si elles doivent le poursuivre (faisant des gestes à droite).

En leur reposant la question plusieurs fois sous un angle différent, et en voyant que la personne place à chaque fois le même choix toujours du même côté, il y a fort à parier qu'elle ne s'aperçoive pas à quel point elle a envie de changer de travail, dans ce cas-là.

Ainsi, les valeurs premières vont souvent se placer à gauche et les valeurs secondaires seront souvent à droite.

Encore une fois, on emploi le mot "souvent" car rappelez-vous qu'un geste n'est fiable qu'à 80% et que pour avoir une certitude absolue il vous faut valider entre 7 à 9 gestes. D'où l'importance dans une discussion de vérifier et répéter à plusieurs reprises.

Vous allez voir que bien souvent, la personne aura déjà inconsciemment pris une décision.

Pour tester votre assimilation de ce que vous avez appris jusqu'à présent, voici maintenant quelques exemples d'application.

III.5- Exemples d'application.

Premier exemple

Sur ce premier exemple d'une réunion de travail, vous voyez que la première personne au premier plan lève la main droite pour parler :

Vous vous rappelez donc que la main droite est contrôlée par le cerveau gauche qui correspond à l'organisation, et qu'une gestuelle à droite est dissociée.

Cela vous donne donc une première information.

Peut-être que ça se passe mal dans cette réunion où qu'à ce moment précis la personne n'est pas d'accord, ou encore qu'elle va revenir sur des chiffres, des données, de l'analyse.

En tous cas, elle n'est pas forcément en association avec la personne qui la regarde en ce moment.

Deuxième exemple

Deuxième exemple, imaginez que vous rentrez dans une salle où vous voyez deux personnes en train de parler fort.

Le ton fort vous donne déjà une première information.

Puis vous voyez qu'elles parlent toutes les deux de la main droite et avec la partie droite du corps qui s'active. Vous obtenez une deuxième information qui vous révèle que la discussion est pour l'instant plutôt dissociée.

Vous validerez ensuite avec d'autres gestes, mais vous obtenez déjà des informations qui vous servent immédiatement.

Troisième exemple

Dans ce troisième exemple, Barack Obama est en train de faire un discours.

Il a la main droite (donc la partie droite du corps) posée sur le coeur.

Le coeur est sensé montrer qu'il est associé aux gens à qui il parle. Qu'il est en accord avec eux, qu'ils sont ensemble une équipe. Ou alors qu'il veut vraiment leur expliquer à quel point les valeurs sont profondes pour lui, que c'est important pour lui.

Or, si vous parlez par exemple avec votre enfant pour lui dire "tu sais tu es important pour moi mon chéri" en dirigeant votre main vers le coeur, c'est plutôt la main gauche que vous allez naturellement utiliser.

Sauf si vous êtes dans une petite colère, ou si vous voulez lui expliquer certaines choses un peu plus dures.

On voit donc qu'en utilisant sa main droite, Barack Obama est ici dissocié avec les gens.

Une hypothèse est qu'il est peut-être en train de réciter un texte ou de regarder un téléprompteur, et que le fait de réciter ou lire un texte le coupe de la relation qui provoque une sorte de dissociation du discours.

Quatrième exemple

Christiane Taubira s'adresse ici à quelqu'un de la main droite.

On peut deviner qu'elle n'est pas en train de raconter ses vacances et qu'elle n'est pas en association avec la personne avec qui elle est en train de discuter.

Vu que c'est sa partie droite qui s'active elle est donc ici dissociée, ce qui donne une première information.

Cinquième exemple

Dans ce cinquième exemple, vous voyez Nicolas Sarkozy et Angela Merkel en train de discuter ensemble.

En regardant les parties du corps qui s'activent, vous voyez que Nicolas Sarkozy est plutôt en association, avec son bras gauche levé.

Ceci termine ce troisième module.

Après avoir vu dans le deuxième module que la partie droite du corps est gérée par la partie gauche du cerveau (organisation) et que la partie gauche du corps est gérée par la partie droite du cerveau (liens), voici ce que vous avez vu dans ce nouveau module.

Vous avez tout d'abord appris que la gestuelle à droite de votre corps est dissociée (c'est-à-dire qu'elle est contrôlée, consciente et distante) et que la gestuelle à gauche de votre corps est associée (c'est-à-dire qu'elle est spontanée, inconsciente et automatique).

Vous avez ensuite vu que les gestes avaient trois dimensions.

La première dimension est temporelle. Ainsi, des gestes à gauche font référence au passé et des gestes faits avec la partie droite du corps font référence au futur.

La deuxième dimension est émotive. Les valeurs positives vont donc se trouver positionnées à gauche alors que les valeurs négatives ou qu'on aime moins vont se retrouver à droite.

La troisième dimension est prioritaire. Les valeurs primaires vont alors se trouver positionnées à gauche et les valeurs secondaires à droite.

Vous voyez que déjà à ce stade, lorsque vous allez parler avec quelqu'un ou entre deux personnes qui interagissent l'une avec l'autre, vous pouvez déjà obtenir des informations qui vous servent immédiatement, rien qu'en regardant si les parties du corps s'activent à droite ou à gauche.

Vous allez dans le prochain module découvrir comment décoder le corps sur un axe haut/bas.

MODULE #4: DÉCODAGE DU CORPS SUR UN AXE HAUT/BAS.

Dans ce module, on va rajouter une dimension non plus sur un axe vertical gauche/droite en fonction des ères cérébrales, mais sur un axe horizontal haut/bas en segmentant le corps au niveau de la ceinture.

Cet axe correspond à la dimension du corps par rapport à l'environnement.

Ainsi dans une première partie vous allez voir comment les gestes s'expriment par rapport à l'environnement, afin de détecter si une personne est à l'aise ou non avec le sujet abordé, et si une personne est à l'aise ou non avec la personne avec qui elle parle.

Dans une deuxième partie vous trouverez des exemples d'application pour valider votre assimilation de ce module.

IV.1- Décodage du corps par rapport à l'environnement.

Imaginez que vous soyez dans une salle de classe et que vous voyez deux participants assis l'un à côté de l'autre.

Vous allez découvrir comment savoir si dans l'instant (chaque geste étant identifiable au moment où il se produit), les deux personnes sont à l'aise l'une avec l'autre, ou si au contraire il peut y avoir une indisposition vis-à-vis de la personne à côté.

De la même manière, vous allez aussi être en mesure de savoir si une personne en face de vous est à l'aise avec vous, ou si deux personnes à la machine à café sont à l'aise l'une avec l'autre.

Comme vous le voyez dans le schéma suivant, la partie basse du corps correspond à la manière dont vous vous situez par rapport à l'environnement, et la partie haute du corps correspond à la manière dont vous vous situez par rapport au sujet abordé :

Si par exemple vous (ou quelqu'un d'autre) parlez d'un sujet sur lequel vous n'êtes pas du tout à l'aise, comme par exemple l'impact des fourmis rouges sur l'agriculture en Amérique du Sud, vous risquez d'être embarrassé car vous ne maîtrisez pas ce sujet.

Instantanément, votre corps va se fermer sur la partie supérieure parce que le sujet que vous allez aborder va profondément vous mettre mal à l'aise.

Cela pourrait par exemple s'exprimer par un croisement de bras fermés contractés au niveau de la poitrine avec les poings fermés également (à ne pas confondre avec des bras croisés détendus et tombants sur le ventre avec les mains ouvertes posées sur les bras, ce qui n'est pas dans ce cas un signe de fermeture mais une posture dans laquelle on se sent à l'aise).

Cela pourrait aussi s'exprimer par le fait de vous mettre de profil, qui est aussi un geste de fermeture.

En clair, vous allez avoir plein de gestes de fermeture au niveau de la partie supérieure du corps.

Ainsi, quand vous voyez une personne qui aborde un sujet et qui a la partie supérieure du corps qui se ferme, c'est notamment un malaise par rapport au sujet abordé.

Imaginez maintenant que vous soyez un expert international sur les fourmis rouges d'Amérique du Sud.

La partie supérieure de votre corps va alors être vraiment très ouverte et aller vers les autres.

En revanche, pour voir si vous êtes à l'aise ou non avec votre environnement, c'est-à-dire avec la personne ou le public à qui vous allez parler des fourmis rouges d'Amérique du Sud, vous allez regarder la partie inférieure de votre corps.

Et là en l'occurrence, même si vous maîtrisez bien votre sujet, il se peut que vous ne soyez par exemple pas à l'aise à parler en public, ou que la personne en face vous mette mal à l'aise.

Sans le savoir et inconsciemment, vous allez fermer le bas de votre corps.

Cela pourrait donner par exemple un croisement de jambes, ou encore le bassin qui pivote de profil pour fuir.

En revanche si vous êtes à l'aise avec la personne en face ou avec le public, le bas de votre corps va alors être fluide et vos jambes vont par exemple être bien ancrées au sol et écartées à largeur des épaules.

Ainsi lorsque vous êtes en face d'une personne, vous allez regarder ses jambes pour savoir si elle est à l'aise avec vous dans l'environnement.

Cette information que vous pouvez voir immédiatement peut ainsi vous être très utile si vous l'utilisez par exemple en clientèle.

Vous pouvez ainsi comprendre tout de suite si le client à qui vous êtes en train de parler est à l'aise avec vous ou non.

Si par exemple vous vous approchez de cette personne et que soudain elle croise les jambes, il y a des chances qu'elle ne soit pas vraiment à l'aise.

Immédiatement cette lecture de non verbal va vous permettre de vous adapter, et vous allez reculer pour mettre un espace plus grand entre vous et elle et la laisser respirer, et ainsi la faire se sentir plus à l'aise.

Maintenant que vous savez reconnaître une personne à l'aise ou non avec son sujet en fonction du haut de son corps, et une personne à l'aise ou non avec son environnement en fonction du bas de son corps, voyons des exemples d'application pour vous assurer que vous avez bien assimilé ce module.

IV.2- Exemples d'application.

Premier exemple

D'après-vous, est-ce que cette dame est très à l'aise avec les deux invités, et notamment le plus proche :

Il suffit de regarder le croisement de ses jambes, et de regarder si ses jambes sont croisées dans un mouvement d'ouverture, ce qui est le cas.

En effet, ses jambes sont croisées et laissent l'ouverture en direction de son interlocuteur, signe qu'elle est à l'aise.

Deuxième exemple

Regardez maintenant cette situation traditionnelle d'entreprise :

Selon vous, est-ce que le monsieur à droite qui pourrait correspondre à un client est très à l'aise avec la femme à gauche qui pourrait être une vendeuse ?

La réponse est non, car il y a une vraie fermeture. Là encore, si le geste a été fait il y a quinze minutes, il ne veut plus forcément dire grande chose. En revanche s'il est en train de se produire maintenant, cela signifie qu'il est en train de se fermer à cette personne.

Troisième exemple

Regardez cette réunion avec ces deux messieurs :

Selon vous, est-ce que le monsieur de droite est ouvert à celui de gauche ?

La réponse est non. Il est en effet en position de fermeture et de protection en regardant simplement de quel côté la jambe est fermée.

En revanche, est-ce que l'interlocuteur de gauche est ouvert ou fermé ?

La réponse est qu'il est ouvert. Vous voyez que les jambes, même si elles sont allongées, sont ouvertes du côté de l'interlocuteur à droite.

Ainsi très vite dès que vous rentrez dans une pièce, vous avez déjà quelques informations.

Ainsi se termine ce quatrième module.

En plus de savoir faire un décodage selon un axe gauche/droite, vous savez maintenant en plus faire un décodage sur un axe haut/bas.

Grâce à ce décodage, vous pouvez désormais savoir au premier coup d'oeil si une personne est à l'aise ou non avec son environnement à l'aide du bas du corps, et si elle est à l'aise ou non avec le sujet abordé grâce au haut du corps.

Si elle est à l'aise avec son environnement, par exemple en face d'une personne ou d'un public, le bas de son corps va adopter une position d'ouverture. Dans le cas contraire, le bas de son corps aura tendance à se fermer.

Si elle est à l'aise avec le sujet abordé, c'est le haut de son corps qui sera dans une position d'ouverture, et se fermera en se repliant sur lui-même dans le cas où le sujet abordé est mal maîtrisé.

Vous allez maintenant encore compléter cette base que vous venez d'acquérir, et découvrir dans le module suivant comment décoder les yeux, qui peuvent eux-aussi vous livrer des informations extrêmement pertinentes.

MODULE #5: DÉCODAGE DES YEUX.

Vous allez dans ce module apprendre à décoder les yeux.

Dans une première partie, vous allez savoir déterminer l'oeil dominant avec lequel une personne vous regarde ou regarde une autre personne, et interpréter sa signification.

Vous saurez alors si une personne qui vous regarde, selon l'oeil avec lequel elle le fait, est en lien avec vous ou est distante. Vous verrez des exemples d'application pour valider votre assimilation.

Dans une seconde partie, vous découvrirez la logique de lecture des quadrants du regard.

Vous saurez alors repérer les instants où une personne cherche une information dans le futur ou dans le passé, et aussi si elle cherche une information liée à de l'émotion ou plutôt à du cognitif.

V.1- Déterminer et interpréter l'oeil dominant avec lequel on vous regarde.

Comme précédemment, les yeux sont eux-aussi dirigés par notre cerveau.

L'hémisphère gauche de votre cerveau (organisation, analyse, prise de distance) qui dirige la partie droite du corps, dirige également l'oeil droit.

L'hémisphère droit de votre cerveau (liens avec les autres, relationnel) qui dirige la partie gauche du corps, dirige aussi l'oeil gauche.

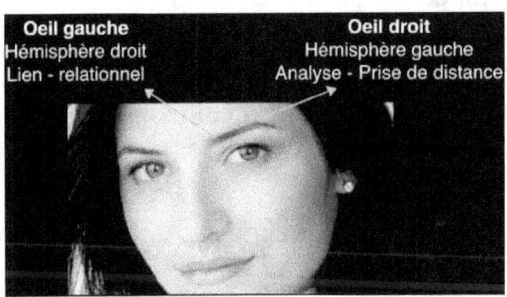

Ainsi, si une personne vous regarde avec son oeil gauche, cela signifie qu'elle est probablement en lien avec vous.

En clair, si un client est en train de vous parler de votre produit et de ses doutes concernant votre produit tout en vous regardant avec l'oeil gauche, c'est un bon signe pour vous puisqu'il est en lien avec vous. Il est dans la relation avec vous.

En revanche, si quelqu'un regarde une autre personne avec l'oeil droit en lui disant de ne plus jamais recommencer ceci, tout porte à croire qu'elle ne plaisante pas, surtout si elle fait bouger en plus sa main droite.

Par contre, si elle dit la même chose mais en vous regardant de l'oeil gauche, même si elle ne plaisante pas, elle est dans la relation avec l'autre, elle souhaite vraiment l'aider, elle est en lien.

Pour résumer :

Si c'est l'oeil droit de quelqu'un qui vous regarde, cela veut dire que c'est l'hémisphère gauche de son cerveau qui prend le contrôle, et donc qu'elle est dans l'analyse et la prise de distance par rapport à vous.

Si c'est l'oeil gauche qui vous regarde, cela signifie que c'est l'hémisphère droit qui prend le contrôle, et donc que la personne est en lien avec vous.

Voyons voir maintenant quelques exemples d'application.

V.2- Exemples d'application.

Voici quelques exemples pour déterminer tout de suite si une personne est en lien ou en distance avec vous, selon l'oeil avec lequel elle vous regarde.

Premier exemple

Imaginons que vous soyez en rendez-vous face à cette dame en train de parler ensemble :

Avec quel oeil vous regarde-t-elle en ce moment ? L'oeil gauche ou l'oeil droit?

Voici une petite astuce pour savoir avec quel oeil une personne vous regarde.

Il suffit de regarder l'oreille de la personne que vous voyez le plus.

Si vous voyez davantage l'oreille gauche de la personne, alors elle vous parle avec l'oeil gauche. Si vous voyez plus son oreille droite, alors elle vous parle avec l'oeil droit.

Dans ce cas, vous voyez davantage l'oreille droite de la personne, ce qui signifie qu'elle vous regarde avec son oeil droit, et donc qu'elle met de la distance.

Deuxième exemple

Avec quel oeil cette personne vous regarde-t-elle ?

On voit clairement son oreille gauche, on en déduit donc qu'elle vous regarde avec l'oeil gauche et qu'elle est en lien avec vous.

Troisième exemple

Cette personne est-elle en lien ou en distance avec vous ?

Elle vous regarde avec l'oeil gauche, elle est donc en lien avec vous.

Quatrième exemple

De quel oeil vous regarde Albert Einstein :

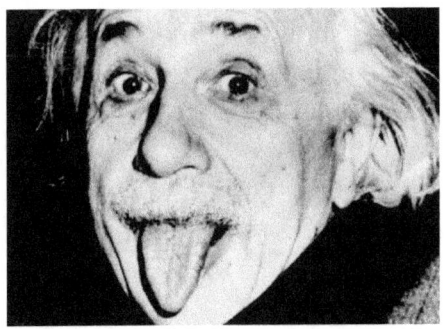

Si ça vous semble moins évident, rappelez-vous de l'astuce qui consiste à regarder quelle oreille vous voyez le plus.

Ici, vous voyez davantage l'oreille gauche, et vous pouvez donc en déduire qu'il vous regarde de l'oeil gauche et qu'il est en lien avec vous.

Cinquième exemple

Cette dame est-t-elle en lien ou en distance avec vous :

L'oreille qu'on voit le plus est son oreille droite. L'oeil avec lequel elle vous regarde est donc le droit et elle est donc en distance.

Vous savez désormais déterminer l'oeil dominant avec lequel une personne vous regarde et en connaître sa signification.

Ainsi, vous savez immédiatement qu'une personne qui vous regarde avec son oeil gauche est en lien avec vous, et qu'une personne qui vous regarde avec son oeil droit est en distance.

Vous allez maintenant découvrir une autre notion qui est les quadrants du regard.

V.3- La logique de lecture des quadrants du regard.

Le regard a également des notions de temporalité, d'émotionnel et de cognitif.

Si la personne regarde à gauche, c'est le passé :

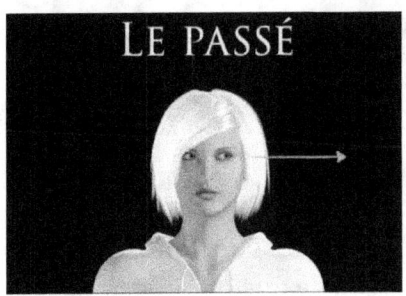

Elle va chercher dans le passé l'information. Donc si vous voyez les deux yeux d'une personne qui se dirigent vers sa gauche, vous savez qu'elle va chercher des informations dans son passé.

Si la personne regarde à droite, c'est le futur :

Elle va chercher dans le futur l'information. Donc si vous voyez les deux yeux d'une personne qui se dirigent vers sa droite, la personne va chercher dans son futur.

Si la personne regarde en bas, elle est dans l'émotionnel :

Elle va chercher l'information dans ses émotions. Si vous voyez les deux yeux de quelqu'un se diriger vers le bas, elle va chercher dans l'émotionnel.

Par exemple, une personne qui se rappelle les bons moments de son enfance où elle buvait un bon chocolat chaud préparé par sa mère lors du goûter risque probablement de regarder vers le bas, car c'est une information qui pour elle est source d'émotion.

Si la personne regarde en haut, elle est dans le cognitif :

Si vous voyez les deux yeux de quelqu'un se diriger vers le haut, il va chercher l'information dans le cognitif.

Par exemple, une personne qui essaie de se rappeler le chiffre d'affaire de son entreprise sur les deux dernières années va probablement avoir les yeux qui se dirigent vers le haut.

Maintenant qu'on connait ces quatre mouvements de base, on peut les cumuler.

Par exemple si la personne regarde en haut à droite :

En vous rappelant les mouvements de base, vous savez qu'une personne qui regarde à sa droite correspond au futur, et qu'une personne qui regarde en haut correspond au cognitif.

Vous en déduisez donc qu'une personne qui regarde en haut à droite va chercher l'information dans le futur cognitif.

Par exemple, une personne est fort susceptible de lever les yeux en haut à droite si on lui demande quel sera le chiffre d'affaire de son entreprise dans les trois prochaines années. Cela fait à la fois appel au futur et au cognitif.

Si la personne regarde en haut à gauche :

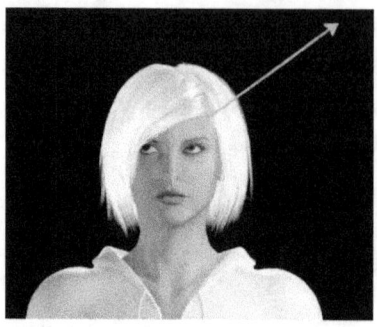

Il s'agit du passé cognitif.

Par exemple, une personne risque de regarder en haut à gauche si elle cherche à se rappeler par exemple quels étaient les différents investissements en machines de production de son entreprise l'année dernière.

Si une personne regarde en bas à droite :

On mixe donc le futur qui correspond au regard à droite et l'émotionnel qui correspond au regard en bas, ce qui donne le futur émotionnel.

Enfin, si une personne regarde en bas à gauche :

Il s'agit avec la même logique de déduction du passé émotionnel.

Par exemple, une personne qui se rappelle des moments forts de son enfance où elle rigolait avec ses camarades et s'amusait, risque très probablement de regarder en bas à gauche, car elle va chercher une information dans le passé et aussi dans l'émotionnel.

Ceci termine ce cinquième module.

Vous savez désormais décoder les yeux.

Vous avez d'abord appris à reconnaître l'oeil dominant avec lequel vous regarde une personne et à l'interpréter.

Ainsi, si une personne vous regarde de l'oeil gauche, elle est en lien avec vous. Si elle vous regarde de l'oeil droit, elle est en distance.

Vous avez assimilé cette technique à l'aide d'exemples d'application.

En cas de doute sur l'oeil avec lequel vous regarde une personne, vous savez qu'il suffit de regarder l'oreille que vous voyez le plus chez cette personne. Si c'est l'oreille gauche, elle vous regarde de l'oeil gauche. Si c'est la droite, elle vous regarde de l'oeil droit.

Vous avez ensuite appris à interpréter les différents quadrants du regard.

Vous savez maintenant repérer en fonction du mouvement des yeux, si la personne va chercher une information dans son passé, dans son futur, dans l'émotionnel ou dans le cognitif.

Si elle regarde à sa droite, il s'agit du passé.
Si elle regarde à sa gauche, il s'agit du futur.
Si elle regarde en bas, c'est l'émotionnel.
Si elle regarde en haut, c'est le cognitif.

Vous pouvez également mixer ces mouvements de base pour en déduire la signification lorsqu'une personne regarde sur les axes obliques :

Si elle regarde en haut à droite, c'est le futur cognitif.
Si elle regarde en haut à gauche, c'est le passé cognitif.
Si elle regarde en bas à droite, c'est le futur émotionnel.
Si elle regarde en bas à gauche, c'est le passé émotionnel.

Rien qu'en regardant les yeux d'une personne, vous pouvez maintenant obtenir de nouvelles informations très précieuses, qui peuvent aussi venir confirmer l'interprétation à donner aux gestes appris dans les modules précédents.

Dans le module suivant, vous allez découvrir comment détecter un mensonge.

MODULE #6: COMMENT DÉTECTER UN MENSONGE.

Ce module va vous permettre de savoir si la personne en face de vous est en train de vous mentir.

Cela va vous permettre de savoir s'il faut continuer à croire cette personne ou au contraire cesser de communiquer avec elle ou prendre de différentes décisions.

Aujourd'hui la synergologie nous permet de détecter si une personne est en train de mentir ou pas.

Elle enregistre même de meilleurs résultats qu'un détecteur de mensonges.

Voici huit signes forts qui montrent qu'une personne vous ment.

1- Contrôle de ses gestes

En général, une personne qui vous ment va avoir tendance à contrôler ses gestes.

2- Beaucoup de gestes répétitifs pour mieux réfléchir

Souvent les menteurs vont utiliser les mêmes gestes répétitifs pendant qu'ils sont en train de parler. Ils font ça souvent pour les aider à mieux réfléchir.

3- Gestes figuratifs

Les menteurs ont souvent tendance à employer des gestes figuratifs plus qu'il n'est nécessaire.

Par exemple si vous demandez à une personne le type de poisson qu'elle a pêché ce week-end et qu'elle souhaite vous mentir, il est probable qu'elle vous mime en détails la taille du poisson avec ses mains afin de bien vous expliquer comment celui-ci était.

Il s'agit d'un geste figuratif, c'est-à-dire d'un geste qui décrit avec précision un objet ou une situation.

4- Peu ou pas de défocalisation face à l'interlocuteur

Rappelez-vous lorsque vous étiez enfant et que vos parents vous sermonnaient, ils vous disaient probablement de les regarder dans les yeux.

Et en vous obligeant à les regarder ainsi, ils pensaient que vous alliez davantage leur dire la vérité.

Il s'agit ici d'une fausse idée reçue.

Voilà pourquoi les menteurs ont tendance aujourd'hui à vous regarder de face, et à ne pas partir dans leurs pensées pour aller chercher des informations (notamment en tournant les yeux selon les différents quadrants du regard).

Par exemple, imaginez que quelqu'un soit accusé de meurtre et que la police lui demande où il se trouvait hier à 21 heures.

Le menteur a tendance à regarder fixement la personne, et à raconter son histoire sans quitter des yeux la personne.

Alors que la personne qui va probablement vous dire la vérité va avoir tendance à vous quitter du regard pour aller chercher des informations en regardant à gauche (son passé).

Or, on a souvent tendance à croire l'inverse et que ne pas regarder les gens dans les yeux signifie qu'on ment, ce qui est faux. Vous voyez comme quoi ce qu'on appelle intuition ne fonctionne pas toujours.

5- Le contrôle amène de la tension sur le visage

Le menteur va au bout d'un moment avoir un visage qui va être tendu.

6- Regard dans le futur en parlant du passé

Le menteur a aussi un regard dans le futur en parlant du passé.

Par exemple si on demande a une personne où est ce qu'elle était la veille à 20 heures et qu'elle regarde en haut à gauche (passé cognitif), il y a de grandes chances qu'elle vous dise la vérité.

Or, si la personne est en train de fabriquer un mensonge, elle va naturellement aller chercher dans son futur, et donc regarder vers sa droite.

Et une personne qui regarde sans arrêt à sa droite à chaque fois qu'elle parle de son passé, c'est un geste supplémentaire qui va s'additionner aux autres gestes que vous avez relevés pour faire votre analyse.

7- Main droite cachée ou contrôlée

Le menteur a aussi tendance à souvent avoir la main droite qui est cachée ou contrôlée.

Par exemple dans des auditions policières, on va voir des personnes qui mentent qui sont agrippées au siège avec leur main droite, ou qui ont leur main droite cachée sous les fesses, ou très figée et contrôlée.

Cela s'explique facilement car la main droite qui est gérée par l'hémisphère gauche du cerveau qui correspond à la distance, au contrôle, à l'organisation, à ce qui est bien planifié.

8- Nombreuses présences de faux non avec la tête

Le menteur va avoir tendance à faire régulièrement de faux non avec sa tête.

Ceci termine ce sixième module.

Vous avez donc vu un ensemble de huit signes forts qui vous permettent de savoir si une personne qui vous parle est en train de vous mentir ou pas.

Bien évidemment et comme nous l'avons vu, il faut vous assurer d'avoir plusieurs de ces signaux qui se recoupent afin d'augmenter la probabilité de détecter le mensonge.

En effet, ce n'est pas parce qu'une personne va par exemple avoir la main droite figée qu'elle est forcément en train de vous mentir.

Assurez-vous donc de recueillir plusieurs de ces critères.

CONCLUSION.

Voici ce que vous avez pu apprendre au cours de cette formation.

Un premier module vous a permis de faire un état des lieux sur le langage non verbal : sur ses buts, son importance, son avancée scientifique et sur la facilité de mal interpréter le non verbal en l'absence de bon fondements scientifiques, qui heureusement vous sont donnés ici par la synergologie.

Vous avez aussi été mis en garde que chaque geste pris séparément est fiable à 80%, et qu'il vous faut entre 7 à 9 gestes pour décoder avec certitude l'émotion d'une personne dans l'instant, ou ce qu'elle pense à votre égard dans l'instant.

Vous êtes ensuite rentrés dans le vif du sujet, et le deuxième module vous a montré le fonctionnement du cerveau et son influence sur les gestes.

Vous avez vu que l'hémisphère gauche du cerveau correspond à l'organisation et contrôle la partie droite du corps. L'hémisphère droit du cerveau correspond aux liens avec les autres et contrôle la partie gauche du corps.

Dans le troisième module, vous avez découvert comment décoder les gestes sur un axe gauche/droite.

Vous savez que les gestes d'une personne réalisés avec la partie gauche de son corps signifient qu'elle est associée avec les autres alors que les gestes avec la partie droite de son corps signifient qu'elle est dissociée.

Vous y avez ajouté les trois dimensions : temporelle, émotionnelle, prioritaire.

Ainsi au terme du troisième module vous avez appris à déterminer, en fonction de la phrase et des mots prononcés, si une personne est associée ou dissociée, si elle évoque le passé ou le futur, quelles sont les valeurs affectives qu'elle préfère et celles qu'elle aime moins ou pas, quelles sont les valeurs prioritaires pour elle et les valeurs secondaires.

Puis dans le quatrième module vous avez appris à décoder les gestes selon un axe haut/bas.

Vous avez découvert que le bas du corps correspond au rapport d'une personne avec son environnement et que le haut du corps correspond au rapport d'une personne avec le sujet abordé.

Au terme du quatrième module, vous avez donc appris à reconnaître d'un simple coup d'oeil si une personne en face de vous ou d'un groupe de personnes est à l'aise ou pas, et si elle maîtrise ou non le sujet abordé dans l'instant.

Le cinquième module vous a appris à décoder les yeux.

Vous savez donc déterminer si une personne est en lien ou en distance avec vous, selon l'oeil avec lequel elle vous regarde.

Vous êtes aussi capable de savoir si une personne évoque le passé, le futur, l'émotion ou le cognitif simplement en regardant le mouvement de ses yeux.

Enfin, le sixième module vous a montré comment repérer un menteur, à l'aide de huit signes caractéristiques d'un menteur.

De plus, des exemples concrets d'application vous ont été montrés dans ce livre afin de vous permettre de valider votre assimilation et vous rendre opérationnel immédiatement.

Vous avez donc acquis, en une trentaine de minutes nécessaires pour lire ce livre et plus rapidement que n'importe qui, un éventail maximum de compétences fondamentales du langage non verbal.

Ces compétences peuvent vous servir instantanément pour récolter des informations extrêmement précieuses.

Elles vont vous permettre de grandement améliorer votre vie privée pour mieux lire et comprendre vos proches, et mieux communiquer et vous adapter à eux.

Elles vont également faire passer votre vie professionnelle au niveau supérieur. Elles peuvent complètement propulser votre carrière, vos affaires et même votre chiffre d'affaire.

Finalement, n'oubliez pas que le non verbal est avant tout un moyen fabuleux de mieux communiquer avec les autres, d'aider les autres, d'aider son prochain, et d'enrichir les autres et ses relations.

A PROPOS DE L'AUTEUR.

Rémy Roulier est un ancien ingénieur informatique et responsable marketing dans une multinationale.

Il est aujourd'hui auteur best-seller, digital nomad et voyage partout dans le monde, ayant acquis depuis plus de dix ans une véritable expertise dans le marketing internet et le développement personnel.

Il partage aujourd'hui ses outils et son expérience pour permettre aux autres d'atteindre également leur indépendance financière et de façonner leur vie telle qu'ils la désirent vraiment.

CRÉATIONS DU MÊME AUTEUR.

Retrouvez l'ensemble de mes créations directement sur Amazon.

En voici quelques-unes qui pourraient vous intéresser :

GESTION DU TEMPS SANS TO DO LIST: VOTRE NOUVELLE ORGANISATION PERSONNELLE ET PROFESSIONNELLE POUR PERFORMER DES DEMAIN ET FAIREDU TEMPS VOTRE MEILLEUR AMI.

Découvrez une nouvelle méthode d'organisation qui va vous permettre de reprendre le contrôle de votre vie et de votre temps dès demain matin, et de vous débarrasser définitivement de ce sentiment de perdre votre temps et d'inaccompli.

LA COMMUNICATION EFFICACE EN 60 MINUTES CHRONO: DECOUVREZ LES TECHNIQUES SECRETES DE LA COMMUNICATION VERBALE ET NON VERBALE POUR BRILLER DES CE SOIR.

Devenez un pro de la communication dans tous ses aspects, aussi bien verbale que non verbale, en seulement 60 minutes chrono. Une solution clés-en-main, facile, pour résoudre définitivement tous vos problèmes de communication sans y passer des mois ou des années!

LA MEMOIRE FACILE INSTANTANEE:
AMELIORER SA MEMOIRE, MEMORISER COMME UN CHAMPION DES CE
SOIR SANS RIEN OUBLIER ET SANS EFFORTS.

Des exercices et stratégies faciles qui vont vous permettre d'utiliser vos différentes mémoires à plein régime et mémoriser sans peine autant d'informations que vous voulez...instantanément et sans les oublier, comme le font les champions de la mémorisation.

DEVENIR RICHE EN 42 JOURS:
LA METHODE PAS-A-PAS POUR.GAGNER DE L'ARGENT SUR INTERNET ET
VIVRE SES REVES EN PARTANT DE RIEN.

Une méthode prouvée qui vous guide pas-à-pas et vous permet d'atteindre votre indépendance financière en 42 jours grâce à Internet, même si vous démarrez actuellement de rien. Un must à ne pas manquer.

COMMENT SE CONCENTRER COMME EINSTEIN:
LE SECRET DES ETUDIANTS PARESSEUX POUR DECUPLER LA
CONCENTRATION ET
LA MEMOIRE AVEC LA TECHNIQUE DU DOCTEUR VITTOZ.

Ce best seller dans le top 100 des meilleures ventes d'Amazon vous montrera la technique jadis utilisée par Einstein qui vous donnera le pouvoir de vous concentrer sur ce que vous voulez aussi longtemps que vous voulez.

LA LECTURE RAPIDE EN 60 MINUTES CHRONO:
DOUBLER (OU TRIPLER) VOTRE VITESSE DE LECTURE N'A JAMAIS ÉTÉ
AUSSI FACILE!

Utilisez les meilleures techniques des lecteurs les plus rapides pour augmenter votre vitesse de lecture de 100% dès aujourd'hui.

LE MIND MAPPING FACILE:
MEILLEURE MEMOIRE, PRISE DE NOTE RAPIDE, BRAINSTORMING,
GESTION DE PROJET SANS EFFORT AVEC LES MIND MAPS.

Le Mind Map (ou carte heuristique) va révolutionner votre vie et votre mémoire en termes gain de temps, d'organisation et d'efficacité par un système puissant et redoutable de prise de notes et d'organisation de l'information autour de diagrammes basés sur la manière naturelle dont fonctionne votre cerveau. Un outil à posséder absolument.

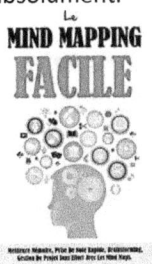